Collection folio junior

dirigée par
Jean-Olivier Héron
et Pierre Marchand

Frederick Forsyth est né en Grande-Bretagne, le 25 août 1938. Journaliste, il a suivi pour de nombreux organismes de presse les événements d'actualité dans le monde entier : c'est de cette expérience qu'il a tiré les sujets de ses ouvrages qui furent tous des succès : *Chacal, le dossier Odessa,* et surtout *le Berger* que vous allez découvrir maintenant.

A ma femme Carole

Titre original :
The Shepherd

Frederick Forsyth

Le Berger

Traduit de l'anglais
par
Maurice Rambaud

Illustrations de Lou Feck

Mercure de France

Quelques brefs instants, dans l'attente du feu vert imminent de la tour de contrôle, je parcourus du regard, à travers le dôme de plexiglas de l'habitacle, la campagne allemande qui m'entourait. Elle s'étendait, blanche et dure, sous la clarté crue de la lune de décembre.

Derrière moi s'élevait la clôture qui marquait les limites de la base de la Royal Air Force et, au-delà, comme j'avais pu le voir en alignant mon petit avion de chasse sur la piste d'envol, la nappe de neige qui recouvrait les champs plats se déroulait jusqu'à la lisière des sapins, distante de trois kilomètres environ et pourtant si nette que, malgré l'obscurité, je parvenais presque à distinguer les formes des arbres eux-mêmes.

Devant moi, qui attendais toujours que retentisse dans les écouteurs la voix du contrôleur, s'allongeait la piste elle-même, mince ruban de béton noir et lisse, flanquée par les rampes jumelles des balises dont la lueur intense illuminait le couloir déblayé plus tôt dans la journée par les chasse-neige. De part et d'autre des balises, la neige tombée le matin, refoulée par les éperons des chasse-neige et aussitôt prise sur place par le gel, s'entassait en monticules. Très loin sur ma droite se dressait la tour de l'aérodrome, pareille à une chandelle rougeoyante plantée, solitaire, au milieu des hangars brillamment éclairés où, en ce moment même, les mécaniciens emmitouflés s'affairaient à fermer la base pour la nuit.

Dans la tour de contrôle, je le savais, régnait une chaude ambiance de fête, les hommes de quart n'attendant plus que mon départ pour fermer à leur tour, sauter dans les voitures stationnées à l'entrée et regagner en hâte le mess où déjà les réjouissances battaient leur plein. Quelques minutes à peine après mon décollage, les lumières s'éteindraient et il ne resterait plus que les hangars blottis les uns contre les autres, comme voûtés pour affronter l'âpre nuit, les chasseurs ensevelis sous leurs bâches et, tout là-haut, solitaire, le phare clignotant dont le feu, rouge éclatant au-dessus du terrain blanc et noir, lançait inlassablement en morse l'indicatif de la base — CELLE — en direction d'un ciel indifférent. Car cette nuit-là, il n'y aurait pas d'avion perdu dans le ciel et aucun aviateur ne scruterait le sol pour vérifier sa position ; c'était ce soir-là la veille de Noël, le Noël de l'an de grâce 1957, et moi j'étais un jeune pilote qui se proposait de rejoindre l'Angleterre pour passer en famille sa permission de Noël.

J'étais pressé et à la lueur bleuâtre du tableau de bord où palpitaient et dansaient les rangées de cadrans, ma montre marquait 10 h 15. Le chauffage était ouvert à fond pour empêcher le plexiglas de givrer et il faisait chaud et douillet à l'intérieur de l'habitacle. Je me sentais comme enfermé dans un cocon, petit, chaud, invulnérable, qui me protégeait contre la morsure du froid extérieur, contre la nuit glaciale capable, en moins d'une minute, de tuer l'homme qui s'y trouverait jeté à 1 000 kilomètres-heure.

« Charlie Delta... »

La voix du contrôleur me tira de ma rêverie, résonnant dans mon casque comme s'il avait été enfermé avec moi dans le minuscule habitacle, me hurlant aux oreilles. Déjà à moitié bourré, pensai-je. Parfaitement contraire au règlement, mais que diable, c'est Noël, non ?

« Charlie Delta... à tour de contrôle », envoyai-je à mon tour.

« Charlie Delta, décollage immédiat », dit-il.

Je jugeai inutile de répondre. Je me contentai de pousser lentement de la main gauche la manette des gaz vers l'avant, tout en maintenant ferme de la droite le Vampire dans l'axe de la ligne médiane. Derrière moi, la plainte grave du moteur Goblin s'enfla, de plus en plus aiguë, pour se muer en un cri et culminer en un hurlement strident. Le chasseur au nez camus s'ébranla tandis que les feux qui bordaient la piste se succédaient, de plus en plus rapides, pour bientôt défiler comme un éclair flou et ininterrompu. L'appareil s'allégea, le nez se cabra légèrement, libérant la roue avant qui se détacha de la piste, et le grondement s'évanouit sur-le-champ. Quelques secondes plus tard les deux roues principales décrochèrent et leur bourdonnement sourd se tut à son tour. Je maintins l'appareil en palier au ras du sol, le laissant prendre de la vitesse jusqu'au moment où un coup d'œil au badin[1] me confirma que nous avions dépassé

1 Badin ou anémomètre : indicateur de vitesse (*N.d.T.*).

120 nœuds et frisions les 150. Alors que l'extrémité de la piste sifflait sous mes pieds, j'inclinai doucement le Vampire sur l'aile gauche pour le mettre en virage ascendant, tout en repoussant le levier du train.

Sous mes pieds et en arrière, j'entendis le claquement sourd des deux roues qui se logeaient dans leur soute, en même temps que, libéré du fardeau du train, l'appareil se ruait en avant. Sur le tableau de bord, les trois lampes rouges correspondant aux trois roues s'éteignirent. Je maintins l'appareil en virage ascendant et, du pouce gauche, enfonçai le bouton de l'émetteur-radio.

« Charlie Delta, décollage terminé, train rentré et verrouillé », annonçai-je dans mon masque à oxygène.

« Charlie Delta, compris, passez sur Fréquence D », dit le contrôleur qui, sans me laisser le temps de m'exécuter, ajouta : « Joyeux Noël. »

Strictement contraire au règlement-radio, bien entendu. J'étais très jeune à l'époque, et très consciencieux. Pourtant je répondis : « Merci, Contrôle, vous aussi. » Sur quoi je changeai de longueur d'ondes pour me brancher sur la fréquence réservée au Service de la Circulation aérienne de la R.A.F. pour le secteur nord de l'Allemagne.

Sur la carte fixée à ma cuisse droite par une sangle, figurait mon plan de vol tracé à l'encre bleue, mais je n'en avais pas besoin. J'en connaissais par cœur les détails, que j'avais tout à l'heure mis au point avec l'officier navigateur dans le poste de la navigation : A la verticale de l'aérodrome de Celle, virer au cap de 265 degrés, continuer à grimper jusqu'à 27 000 pieds. Parvenu à cette altitude, garder le même cap et maintenir une vitesse de 485 nœuds. Passer sur Fréquence D pour signaler aux radars votre présence dans leur espace aérien, puis, au sud du Beveland, couper la côte hollandaise et survoler la mer du Nord. Au bout de quarante-quatre minutes de vol, passer sur Fréquence F et appeler la tour de contrôle de Lakenheath pour demander un « cap ». Quatorze minutes plus tard, vous serez au-dessus de Lakenheath. Ensuite, suivre les instructions, on vous donnera un radio-guidage pour l'approche et l'atterrissage. Aucun problème, la routine. Soixante-dix minutes de vol, y compris l'approche et l'atterrissage, et le Vampire avait assez de carburant pour tenir l'air plus de quatre-vingts minutes.

A 5 000 pieds et à la verticale de l'aérodrome de Celle, je redressai l'appareil et regardai l'aiguille de mon compas s'aligner sagement sur un cap de 265 degrés. Le nez pointait vers la voûte noire et glaciale du ciel nocturne, piquetée d'étoiles si brillantes que leur feu blanc cinglait les globes oculaires. En bas, la carte en noir et blanc du nord de l'Allemagne se faisait plus petite, les masses sombres des forêts de sapins se confondant avec les étendues blanches des champs. Çà et là scintillaient les lumières d'un village ou d'une petite ville. Là en bas, sans doute les petits chanteurs de noëls parcouraient-ils les rues gaiement éclairées, frappant aux portes décorées de houx pour chanter « Sainte Nuit » et quêter des *pfennigs* pour les pauvres. Dans toutes les maisons, les Westphaliennes préparaient les jambons et les oies.

Six cents kilomètres devant moi, cela se passerait tout pareil, les noëls seraient chantés dans

ma langue, mais les airs seraient souvent les mêmes, et on préparerait la dinde au lieu de l'oie. Mais que l'on dise *Weihnachten, Christmas* ou Noël, c'est la même chose dans tout le monde chrétien, et c'était bon de rentrer chez soi.

De Lakenheath j'étais sûr de pouvoir gagner Londres en attrapant le car des permissionnaires, qui part juste après minuit ; à Londres, j'avais bon espoir de trouver une voiture pour descendre en stop jusque chez mes parents dans le Kent. Je fêterais Noël en prenant le petit déjeuner en famille. L'altimètre indiquait 27 000 pieds. Je ramenai progressivement le nez à l'horizontale, réduisis le régime pour prendre une vitesse de croisière de 485 nœuds et maintins fermement l'appareil au cap de 265 degrés. Quelque part en

bas, dans les ténèbres, la frontière hollandaise s'éloignait derrière moi et je volais depuis vingt et une minutes. Aucun problème.

Le problème commença dix minutes plus tard au-dessus de la mer du Nord, et si discrètement que plusieurs minutes s'écoulèrent avant que je m'aperçoive que j'en avais un sur les bras. Je ne m'étais pas rendu compte que depuis un moment le bourdonnement que captaient mes écouteurs s'était tu, remplacé par l'étrange néant du silence absolu. Tout à la pensée de ma famille qui m'attendait à la maison, sans doute m'étais-je laissé distraire. Ce fut en jetant un coup d'œil au compas pour vérifier mon cap que je remarquai la première anomalie. Au lieu de coller au cap 265 degrés, l'aiguille dérivait paresseusement le long

du cadran, passant de l'est à l'ouest et du sud au nord avec une totale impartialité.

Je gratifiai d'un juron fort peu chrétien le compas et le monteur d'instruments qui aurait dû s'assurer qu'il était en parfait état de fonctionnement. Une panne de compas la nuit, même par une nuit de pleine lune comme celle dont me séparait le plexiglas de l'habitacle, n'a rien d'une plaisanterie. Cependant ce n'était pas trop grave ; encore quelques minutes puis je pourrais appeler Lakenheath, et on me donnerait un G.C.A. — un contrôle d'approche au sol —, les instructions seconde-par-seconde que tout terrain pourvu d'une infrastructure adéquate peut envoyer à un pilote pour le ramener au sol par les pires conditions météo, guettant sa progression sur des écrans radar ultra-précis, suivant sa descente jusqu'à la piste, repérant mètre par mètre, seconde par seconde, sa position dans le ciel. Je jetai un coup d'œil à ma montre ; trente-quatre minutes en vol. Je pouvais maintenant tenter d'entrer en liaison avec Lakenheath, à l'extrême limite de la portée de mon émetteur-radio.

Avant d'alerter moi-même Lakenheath, la procédure normale me commandait de contacter la fréquence D, sur laquelle j'étais réglé, pour signaler mon petit problème et demander que l'on prévienne Lakenheath que je poursuivais ma route sans compas. J'enfonçai le bouton « émission » et appelai.

« Celle Charlie Delta, Celle Charlie Delta, appelle la tour de contrôle du Beveland Nord... ». Je me tus. Il était inutile d'insister. A l'intérieur de mon masque à oxygène, au lieu du crépitement de l'électricité statique et du son aigu

de ma propre voix répercutée dans mes écouteurs, je n'entendais rien d'autre qu'un murmure étouffé. Ma propre voix qui parlait... et qui n'allait nulle part. Je fis un nouvel essai. Même résultat. Tout là-bas, de l'autre côté des étendues désertes, noires et salées, de la mer du Nord, enfermés bien au chaud dans les bâtiments en béton de la tour de contrôle du Beveland Nord, des hommes tiraient paisiblement leur quart devant leurs appareils, bavardant et sirotant leur café ou leur chocolat fumant. Et ils ne pouvaient pas m'entendre. La radio était morte.

Réprimant à grand-peine la vague de panique qui plus sûrement que tout peut causer la mort d'un pilote, j'avalai ma salive et comptai lentement jusqu'à dix. Puis je me branchai sur la fréquence F et tentai d'entrer en liaison avec la base de Lakenheath, là-bas devant moi au milieu de la campagne du Suffolk, nichée dans sa forêt de pins au sud de Thetford, magnifiquement équipée pour ramener au bercail les avions égarés grâce à son dispositif de contrôle d'approche au sol. Sur la fréquence F, la radio était tout aussi morte. La gangue de caoutchouc de mon masque

à oxygène étouffait le marmonnement de ma voix. La seule réponse fut le sifflement régulier de mon réacteur derrière moi.

C'est un lieu très solitaire que le ciel, surtout le ciel par une nuit d'hiver. Et un chasseur à réaction monoplace est un refuge bien solitaire, une minuscule boîte d'acier maintenue en l'air par deux ailes trapues, catapultée au travers du vide glacé par une tuyère enflammée qui dégage une puissance de six mille chevaux par seconde de combustion. Mais pour le pilote, cette solitude est compensée, neutralisée, par cette certitude qu'il lui suffit d'effleurer un bouton pour parler

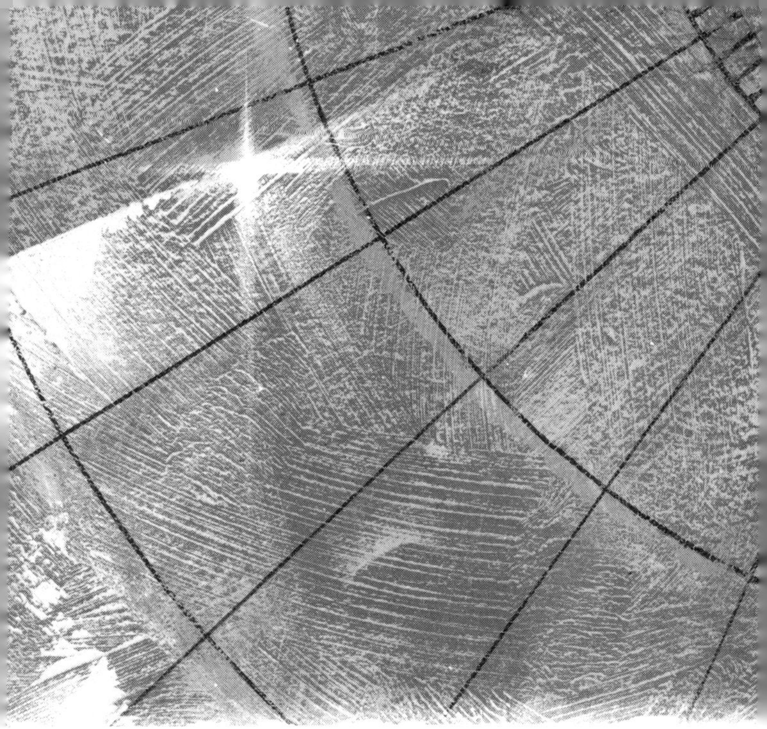

à d'autres êtres humains, des gens qui veillent sur lui, des hommes et des femmes qui dans le monde entier maintiennent en alerte tout un réseau de stations ; un simple geste pour enfoncer ce bouton « émission », et des dizaines d'entre eux dans des tours de contrôle situées aux quatre coins du pays et réglées sur sa longueur d'ondes entendront son appel au secours. Lorsque le pilote émet, un trait lumineux s'inscrit sur chacun de ces écrans, reliant le centre à la couronne extérieure, elle-même graduée en chiffres, de un à trois cent soixante — nombre exact de degrés sur le cadran d'un compas. Le point où le trait lumineux coupe la couronne indique la position de l'appareil par rapport à la tour de contrôle qui l'écoute. Les tours de contrôle sont en liaison entre elles, si bien qu'il suffit de deux recoupements pour déterminer sa position à quelques centaines de mètres près. Il n'est plus perdu. Des gens se mettent aussitôt à l'œuvre pour le ramener au sol.

Les opérateurs radar relèvent le petit écho qu'il inscrit sur leurs écrans parmi une foule d'autres échos ; ils l'appellent et lui donnent leurs instructions. « Charlie Delta, commencez votre approche. Nous vous avons repéré... » Des voix chaleureuses, compétentes, des voix qui contrôlent toute une panoplie d'instruments électroniques capables de sonder le fond du ciel d'hiver, à travers la glace et la pluie, par-dessus la neige et les nuages, pour arracher le pauvre égaré à l'immensité mortelle et le guider vers la piste illuminée, symbole du retour au foyer et à la vie elle-même.

Quand le pilote émet. Mais pour émettre, il faut qu'il ait une radio. Avant même d'avoir fini mon essai sur Fréquence J, la fréquence internationale de détresse, et constaté que mes efforts étaient tout aussi vains, j'avais compris que mon émetteur à dix gammes d'ondes était mort et bien mort.

Il avait fallu deux ans à la R.A.F. pour m'apprendre à piloter ses chasseurs à réaction, et la plus grande partie de ce temps avait été précisément consacrée à l'apprentissage des procédures de détresse. L'important, nous disait-on à l'école de pilotage, n'est pas de savoir voler par conditions météo idéales ; c'est de savoir voler dans une situation critique et de rester vivant.

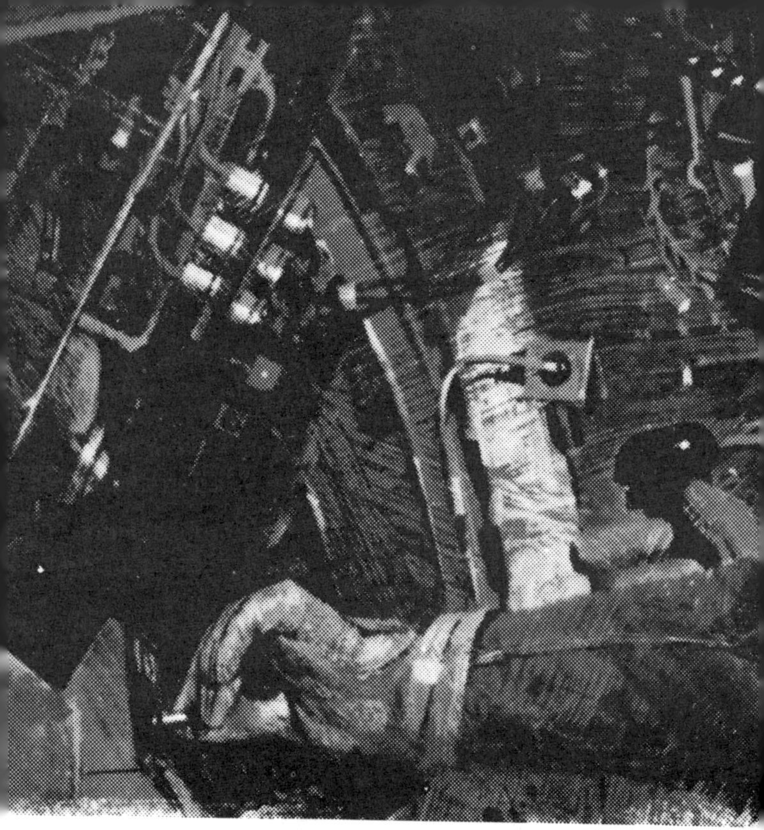

Cette fois l'entraînement commençait à se révéler payant.

Pendant que je m'obstinais en vain à vérifier mes fréquences radio, mes yeux scrutaient le tableau de bord devant moi. Le message des instruments était clair. Ce n'était pas pure coïncidence que le compas et la radio fussent tombés en panne en même temps : tous deux étaient alimentés par les circuits électriques de l'appareil. Quelques part sous mes pieds, au milieu des kilomètre de fils gainés de couleurs vives qui composent les circuits, un des principaux fusibles avait

sauté. Je me promis, de façon assez stupide, de pardonner au monteur et d'enguirlander l'électricien. Puis je fis le bilan du désastre.

La première chose à faire dans une situation de ce genre — j'entendais encore le vieux Norris, notre sergent instructeur, nous le dire — c'est de réduire les gaz pour passer du régime de croisière à un régime plus lent, de manière à augmenter au maximum la capacité de vol.

« Pas question de gaspiller un carburant précieux, d'accord, messieurs ? Nous risquons d'en avoir besoin par la suite. Ce qui fait que nous ramenons le régime de 10 000 tours-minute à 7 200. Comme ça nous volerons un peu moins vite, mais resterons en l'air plus longtemps, d'accord, messieurs ? » Sacré sergent Norris, à l'entendre, nous étions destinés à nous retrouver tous en même temps dans le même genre de pétrin. Je tirai progressivement la manette des gaz et épiai le compte-tours. Mais c'était lui aussi un instrument électrique et tous m'avaient lâché quand le fusible avait sauté. Je dus me fier au bruit du moteur pour estimer au jugé que le Goblin tournait à environ 7 200 tours-minute et sentis l'appareil ralentir. Le nez se cabra imperceptiblement et j'agis légèrement sur les compensateurs pour rester en palier.

Les principaux instruments qu'un pilote a devant les yeux sont au nombre de six, en comptant le compas. Les cinq autres sont l'anémomètre ou badin, l'altimètre, l'aiguille (qui l'avertit s'il engage, c'est-à-dire vire, à droite ou à gauche), la bille (qui l'avertit s'il dérive en crabe dans le ciel) et le variomètre (qui l'avertit s'il pique ou s'il grimpe et, en outre, à quelle vitesse). Les trois derniers sont mus par l'électricité et ils avaient eu le même sort que mon compas. Ce qui me laissait avec les deux instruments mus par la pression atmosphérique, le badin et l'altimètre. En d'autres termes, je savais à quelle vitesse je me déplaçais et à quelle altitude j'étais.

Il est parfaitement possible de poser un appareil à l'aide de ces deux seuls instruments, en se fiant pour le reste à ce vieil accessoire de navigation, l'œil humain. Possible, certes, mais par très beau temps, de jour, et par ciel dégagé. Il est faisable, tout juste faisable quoique peu recommandé, de tenter de piloter à l'estime un avion à réaction volant à grande vitesse, en se fiant à ses yeux, en scrutant le sol pour identifier une portion de la côte qui s'incurve selon un tracé facilement reconnaissable, en repérant un plan d'eau de forme bizarre, le scintillement d'une rivière qui, à en croire la carte fixée sur la cuisse, ne peut être que l'Ouse, ou la Trent, ou la Tamise. De plus bas, il est possible de distinguer la tour de la cathédrale de Norwich de la tour de la cathédrale de Lincoln, à condition de connaître à fond la région. La nuit, c'est impossible.

Les seules choses qui ressortent la nuit, même par une nuit de pleine lune, ce sont les lumières. Vues du ciel, les lumières composent des dessins caractéristiques. Manchester n'a pas le même aspect que Birmingham ; on reconnaît Southampton au tracé de son port massif et au Solent, qui se découpe en noir (la mer apparaît en noir) sur la nappe des lumières de la ville. Je connaissais très bien Norwich et, à condition de pouvoir identifier l'énorme poche que forme la côte du Norfolk à partir de Lowestoft, jusqu'à Yarmouth et Cromer, je pourrais trouver Norwich, seule nappe de lumières de quelque importance dans un rayon de trente kilomètres de tous les points de la côte. Je savais qu'à huit kilomètres au nord de Norwich se trouvait la base de chasseurs de Merriam St George, dont la balise rouge lancerait en morse dans la nuit son indicatif. Là, à condition que l'idée leur vienne d'allumer leurs rampes lorsqu'ils m'entendraient passer et repasser à plein régime au ras du terrain, je pourrais me poser sans dommages.

Je commençai à laisser le Vampire descendre progressivement en direction de la côte maintenant proche, tandis que mon esprit s'évertuait fiévreusement à calculer combien de retard j'avais pris en réduisant la vitesse. D'après ma montre je volais depuis quarante-trois minutes. La côte du Norfolk devait se trouver quelque part dix mille mètres plus bas, dans l'axe de mon avion. Je levai les yeux vers la pleine lune, pareille à un projecteur dans le ciel constellé d'étoiles, et la remerciai d'être là.

A mesure que le chasseur glissait vers le Norfolk le sentiment de ma solitude m'étreignait de plus en plus. Toutes ces choses qui m'avaient paru si belles tandis que disparaissait sous moi tout à l'heure l'aérodrome de Westphalie, m'apparaissaient maintenant comme mes pires ennemis. Je ne trouvais plus rien d'émouvant à l'éclat des étoiles ; elles me semblaient soudain hostiles, scintillant à jamais là-bas dans les infinis perdus, éternels, de l'espace insondable et glacé. Le ciel nocturne, sa température stratosphérique immuablement fixée, le jour comme la nuit, à cinquante-six degrés au-dessous de zéro, devenait dans mon esprit une prison sans bornes remplie des crépitements du froid. En bas s'étendait le plus redoutable, la mer du Nord, pesante et brutale, prête à nous engloutir, mon avion et moi, et à nous enfouir pour l'éternité sans fin dans sa crypte noire et liquide où rien ne bougeait, où rien ne bougerait jamais. Et personne n'en saurait jamais rien.

A 15 000 pieds et alors que je plongeais encore, je me rendis soudain compte qu'un nouvel ennemi, pour moi l'ultime, venait d'entrer en lice. Cinq mille mètres plus bas il n'y avait ni mer d'encre ni collier de lumières scintillant le long de

la côte quelque part en avant. A perte de vue, à droite et à gauche, devant et sans nul doute derrière, la clarté de la lune se reflétait sur une mer plate et infinie de blanc. Peut-être ne faisait-elle pas plus de trente, de soixante mètres d'épaisseur, mais c'était assez. Assez pour me priver de toute visibilité, assez pour me tuer. Le brouillard de l'East Anglia était entré en scène.

Tandis que cap à l'ouest je laissais l'Allemagne derrière moi, une légère brise, que la météo n'avait pas prévue, s'était levée au-dessus de la mer du Nord, soufflant en direction du Norfolk. Le jour précédent, sous l'effet du vent et des températures inférieures à zéro, il avait gelé dur sur

les plaines découvertes de l'East Anglia. Au cours de la soirée le vent avait rabattu une zone d'air relativement plus chaud de la mer du Nord sur les plaines de l'East Anglia. Là, au contact du sol pris par le gel, les milliards de minuscules particules d'humidité qui chargeaient l'air marin s'étaient vaporisées, formant ce type de brouillard capable d'ensevelir cinq comtés en moins de trente minutes. Jusqu'où s'étendait-il à l'ouest, je ne pouvais le dire ; jusqu'aux Midlands de l'Ouest, peut-être, où il allait buter contre les versants est des Pennines ? Il était hors de question de vouloir contourner le brouillard par l'ouest ; privé d'instruments de navigation et de radio, je

me serais perdu au-dessus d'une région totalement inconnue. Il était pareillement hors de question de rebrousser chemin pour regagner la Hollande et me poser sur l'une des bases aériennes hollandaises en bordure de la côte ; je n'avais pas assez de carburant. Me fiant à mes seuls yeux pour me guider, il ne me restait plus qu'à me poser à Merriam St George, ou à périr dans les débris du Vampire quelque part dans les marécages ceints de brouillard du Norfolk.

A 10 000 pieds, je redressai brusquement, augmentant légèrement le régime pour ne pas m'engager en perte de vitesse, mais gaspillant du même coup un peu plus de mon précieux carbu-

rant. Toujours conditionné par mon entraînement, je me remémorai de nouveau les instructions du sergent Norris.

« Au cas où nous nous retrouverions complètement perdus au-dessus d'une nappe ininterrompue de nuages, messieurs, nous devons envisager la nécessité d'évacuer notre appareil, d'accord ? »

Bien sûr, sergent. Le pilote est pourvu d'un siège éjectable parfaitement au point, il est ficelé à un siège d'acier dont le dossier est bourré par deux grosses saloperies de cartouches explosives, qui le catapulteront loin de l'appareil condamné et le laisseront se balancer au bout d'un para-

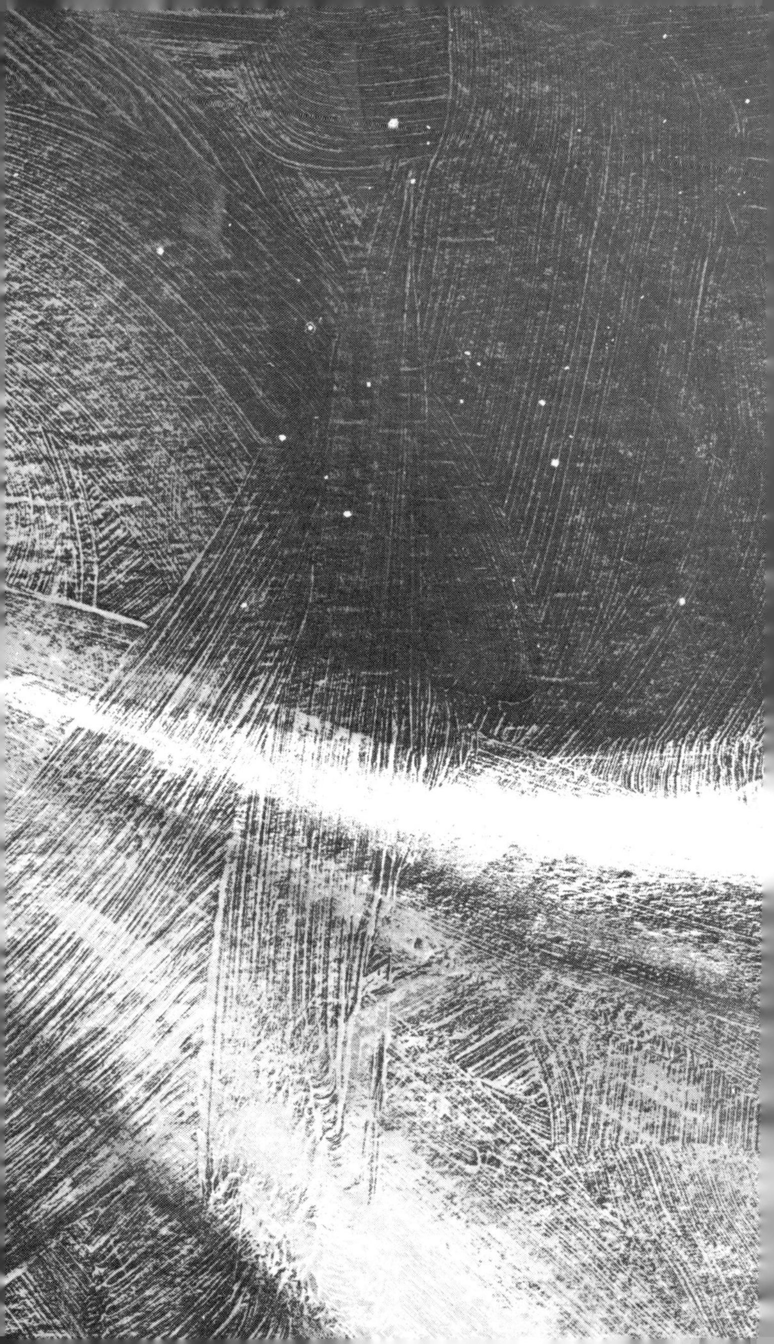

hélicoptères, immanquablement par de chaudes, de radieuses journées d'été.

« Une dernière technique, messieurs, à n'utiliser qu'en cas d'extrême nécessité. »

Voilà qui est mieux, sergent Norris, cette fois ça me concerne.

« Tout appareil qui approche des côtes de la Grande-Bretagne est visible sur les écrans radar de notre dispositif de détection avancée. Si, en conséquence, nous sommes privés de notre radio et ne pouvons transmettre notre S.O.S., nous essayons d'attirer l'attention de nos observateurs radar en adoptant un comportement bizarre. Pour ce faire, nous gagnons le large, puis nous

nous mettons à décrire de petits triangles, en virant à gauche, encore une fois à gauche, et de nouveau à gauche, chaque branche du triangle correspondant à deux minutes de vol. Ceci dans l'espoir d'attirer l'attention. Dès que nous avons été repérés, le contrôleur de la circulation aérienne en est informé et il dépêche un autre avion à notre recherche. Bien entendu, cet autre avion est pourvu d'une radio. Dès que l'appareil de sauvetage nous a retrouvés, nous collons à lui, et à travers les nuages ou le brouillard, il nous ramène sains et saufs au terrain. »

Oui, c'était là l'ultime tentative pour sauver sa vie. Maintenant tous les détails me revenaient.

Cet appareil sauveteur qui devait nous ramener sains et saufs au terrain, nous accompagnant aile contre aile, on l'appelait le berger. Je jetai un coup d'œil à ma montre ; je volais depuis cinquante et une minutes, il me restait trente minutes de carburant. La jauge du réservoir était au tiers. Je me savais encore loin de la côte du Norfolk et, volant en palier à 10 000 pieds dans le clair de lune, j'engageai le Vampire dans un virage à gauche et amorçai la première branche de mon triangle. Deux minutes plus tard je virai de nouveau à gauche, espérant être capable (sans compas) d'estimer au jugé un angle de 120 degrés, en me guidant approximativement sur la lune. Sous moi le brouillard s'étendait à perte de vue en arrière, et devant, en direction du Norfolk, c'était la même chose.

Dix minutes s'écoulèrent, le temps de boucler presque deux triangles. Il y avait des années que je n'avais pas prié, pas prié pour de bon, et ça ne me revenait pas facilement. Seigneur, je vous en prie, tirez-moi de ce foutu pétrin... non, on ne doit pas Lui parler de cette façon. Notre Père, qui êtes aux Cieux... Il a entendu ça plus de mille fois, et cette nuit encore, il l'entendra plus de mille fois. Que doit-on Lui dire quand on a besoin d'aide ? Je vous en prie, mon Dieu, faites que quelqu'un me remarque ici tout en haut, je vous en prie, faites que quelqu'un m'aperçoive en train de boucler mes triangles et envoie un berger pour m'aider à me poser sain et sauf. Je vous en prie, aidez-moi et je promets... Mais que pouvais-je bien Lui promettre ? Il n'avait nul besoin de moi, et moi qui avais tant besoin de Lui, j'étais resté si longtemps sans me soucier de Lui que probablement Il avait oublié jusqu'à mon existence.

D'après ma montre je volais depuis soixante-douze minutes et je savais maintenant que personne ne viendrait. L'aiguille du compas continuait à dériver à l'aventure tout autour du cadran, les autres instruments électriques étaient morts, toutes les aiguilles pointées sur zéro. Mon altimètre indiquait 7 000 pieds, ce qui signifiait que j'avais perdu 3 000 pieds au cours de mes virages. Aucune importance. L'aiguille de la jauge oscillait entre zéro et un quart — disons que je pouvais tenir l'air encore dix minutes. Je sentis la rage du désespoir m'envahir. Je me mis à hurler dans le microphone mort.

Bande de salauds, espèces de crétins, oui ou non allez-vous regarder vos écrans radar ? Quelqu'un ne va-t-il pas finir par me repérer ? Tous bourrés, ces salauds, et pas fichus de faire correctement leur boulot. Oh, mon Dieu, quelqu'un ne va donc pas m'entendre ? Mais déjà la colère s'était calmée et, accablé par ma totale impuissance, je m'étais mis à pleurnicher comme un bébé.

Cinq minutes plus tard je savais, sans l'ombre d'un doute, que je mourrais cette nuit-là. Bizarrement j'avais cessé d'avoir peur. Je n'éprouvais plus qu'une immense tristesse. A la pensée de toutes les choses que je ne ferais jamais, des lieux que je ne verrais jamais, des gens que je n'aurais plus jamais l'occasion de saluer. C'est une chose mauvaise, une chose triste que de mourir à vingt ans sans avoir vécu sa vie, et le pire n'est pas de mourir, mais de se dire que toutes ces choses, on ne les fera jamais.

Regardant le ciel à travers le plexiglas, je voyais que la lune était à son déclin, planant au-dessus de l'épais brouillard blanc qui bloquait

l'horizon ; d'ici deux minutes le ciel nocturne serait plongé dans les ténèbres et quelques minutes plus tard il me faudrait sauter d'un avion en perdition avant qu'il ne bascule dans son dernier piqué pour s'engloutir dans la mer du Nord. Une heure plus tard moi aussi je serais mort, ballotté par le flot, cadavre roide et gelé soutenu par la ceinture jaune vif d'une Mae West. J'inclinai l'aile gauche du Vampire vers la lune pour engager l'appareil dans l'ultime branche du dernier triangle.

En contrebas du bec d'aile, en surimpression sur le miroitement du banc de brume, en amont de moi par rapport à la lune, une ombre noire

traversa la blancheur. Je crus une seconde qu'il s'agissait de ma propre ombre, mais vu la position de la lune, mon ombre aurait dû se trouver derrière moi. C'était un autre avion, qui, mille mètres plus bas, se profilait sur la nappe de brouillard et m'accompagnait dans mon virage.

L'autre avion volant plus bas que moi, je poursuivis mon virage, aile inclinée, de manière à ne pas le perdre de vue. Lui aussi poursuivit son virage, jusqu'au moment où nous eûmes tous deux bouclé un cercle complet. Ce fut seulement alors que je compris pourquoi il restait si loin, pourquoi il ne grimpait pas à ma hauteur pour coller à mon aile. Il volait moins vite et s'il avait essayé de me suivre, je l'eus distancé. Luttant de toutes mes forces contre la pensée qu'il s'agissait en fait d'un avion quelconque, qui poursuivait normalement sa route, et sur le point de disparaître à jamais dans le banc de brouillard, je réduisis les gaz et amorçai une glissade pour me rapprocher de lui. Il continua de virer ; je l'imitai. A 5 000 pieds je compris que j'allais encore trop vite pour lui. Je ne pouvais réduire davantage le régime, de crainte de mettre le Vampire en perte de vitesse et de décrocher irrémédiablement en piqué. Pour ralentir davantage encore je sortis les volets des aérofreins. Le Vampire trembla lorsque le flot d'air s'engouffra dans les freins, ramenant la vitesse de l'appareil à 280 nœuds.

Puis brusquement il se mit à grimper droit sur le bec de mon aile gauche. Je distinguais sa masse sombre qui tranchait sur la blancheur indécise de la nappe de brouillard en contrebas, puis il fut à mes côtés, à trente mètres de mon aile, et nous redressâmes de concert, nous balançant légèrement pour garder la formation. J'avais la lune sur ma droite et l'ombre de mon appareil masquait la silhouette et les détails du sien, mais je parvins pourtant à distinguer le miroitement de deux hélices qui brassaient le ciel en avant de son nez. Bien sûr qu'il ne pouvait pas voler aussi vite que moi ; je pilotais un avion à réaction, lui un appareil à moteur à pistons d'une autre génération.

Il demeura quelques secondes à ma hauteur, en aval de moi par rapport à la lune, à demi invisible, puis bascula doucement sur l'aile gauche. Je suivis en collant à lui, car manifestement il s'agissait bien du berger envoyé à ma recherche, et c'était lui qui avait le compas et la radio, pas moi.

Il vira à 180 degrés puis, redressant, garda un cap rigoureusement horizontal, la lune dans son dos. D'après la position de la lune à son déclin, je compris que nous nous dirigions de nouveau vers la côte du Norfolk et, pour la première fois, je le vis distinctement. A ma grande surprise, mon berger était un Mosquito De Havilland, un chasseur-bombardier qui datait de la Deuxième Guerre mondiale.

Il me revint alors que l'Escadrille météo de la base se servait de Mosquitos, les derniers en service, pour effectuer dans les couches supérieures de l'atmosphère des relevés destinés au service des prévisions météo. Je les avais vus aux fêtes anniversaires de la Bataille d'Angleterre, pilotant leurs Mosquitos dans les parades aériennes rituelles du 15 septembre, au milieu des Spitfires, des Hurricanes et des Lancasters, arrachant des exclamations admiratives à la foule et des hochements de tête nostalgiques aux anciens.

Dans l'habitacle du Mosquito, je discernais maintenant vaguement, éclairée par la lune, la tête gainée de cuir du pilote tournée vers moi et les cercles jumeaux de ses grosses lunettes qui me regardaient à travers le hublot latéral. Posément il leva la main droite et, pour me laisser le temps de la voir, l'encadra dans le hublot, doigts tendus, paume vers le bas. Puis d'un geste sec, il pointa les doigts vers l'avant et le bas, ce qui signifiait : « Nous allons descendre, suivez-moi. »

Je hochai la tête et remontai vivement ma main gauche pour la lui montrer, tendant l'index vers mon tableau de bord puis relevant mes cinq doigts ouverts en éventail. Pour finir, je me passai la tranche de la main sur la gorge. Pour tous les pilotes, ce geste signifie « je n'ai plus que cinq minutes de carburant, ensuite mon moteur va caler ». Je vis la tête alourdie par le casque, les lunettes et le masque à oxygène m'adresser un signe d'assentiment, et nous plongeâmes droit vers la nappe de brouillard. Il prit de la vitesse et je rentrai mes volets d'aérofreins. Le Vampire cessa de vibrer et se rua en avant, semant le Mosquito. Je réduisis les gaz, le grondement du moteur se mua en un sifflement sourd et le berger se retrouva à mes côtés. Nous plongions droit vers le linceul de brume qui cachait la côte du Norfolk. Je jetai un coup d'œil à mon altimètre ; 2 000 pieds, et nous plongions toujours.

Il redressa à 300 pieds, et dessous, c'était toujours le brouillard. Sans doute le banc ne faisait-il pas plus de 30 mètres d'épaisseur, mais c'était plus qu'assez pour empêcher un avion d'atterrir sans contrôle d'approche. J'imaginais sans peine le flot d'instructions que le poste radar déversait dans les écouteurs de l'homme qui volait à mes côtés, à vingt-cinq mètres, séparé de moi par deux panneaux de plexiglas et un flot d'air glacé qui se ruait entre nous à 280 nœuds. Je ne le quittais pas des yeux, le serrant d'aussi près que possible, craignant de le perdre de vue ne fût-ce qu'un instant, épiant le moindre geste de sa main La lune était presque couchée, et pourtant je ne pouvais que m'émerveiller de la beauté de son appareil, silhouetté contre la blancheur du brouillard ; le nez court, la bulle de l'habitacle, la longue ampoule de plexiglas qui s'infiltrait jusque dans le nez lui-même, les capots des moteurs logés bas sous les ailes, longs, minces, abritant les deux Merlin Rolls-Royce, vrais chefs-d'œuvre de mécanique, qui l'emportaient en grondant dans

la nuit vers le port. Deux minutes plus tard il encadra son poing gauche dans le hublot, puis l'ouvrit, plaquant ses cinq doigts en éventail contre le panneau. Sortez votre train. Je repoussai le levier et perçus le chuintement mat des trois roues qui descendaient, actionnées heureusement par la pression hydraulique et non point tributaires du circuit électrique en panne.

Le pilote de l'avion berger pointa de nouveau les doigts vers le bas, pour m'avertir que nous allions reprendre la descente et, tandis qu'il détalait dans le clair de lune, j'aperçus le nez du Mosquito et, peintes dessus, noires et énormes, les

lettres J.K. Sans doute le nom de code Juliet Kilo. Puis de nouveau ce fut la descente, cette fois moins brutale.

Il redressa au ras de la nappe de brouillard, si bas que les filaments soyeux, pareils à de la barbe à papa, cinglèrent nos fuselages, puis nous amorçâmes une boucle complète et régulière. Je parvins à vérifier d'un coup d'œil mon niveau de carburant : l'aiguille était sur zéro et oscillait à peine. Pour l'amour de Dieu, dépêche-toi, priai-je, car si je tombais maintenant en panne sèche je n'aurais pas le temps de grimper à 500 pieds, altitude minimum requise pour abandonner l'ap-

pareil. A trente mètres du sol, un chasseur à réaction privé de moteur est un piège mortel qui ne laisse aucune chance.

Deux ou trois minutes encore il parut se contenter de poursuivre son lent virage, tandis que la sueur m'inondait la nuque et commençait à ruisseler le long de mon dos, collant à ma peau la mince combinaison de nylon. VITE, MON VIEUX, VITE.

Puis, sans préavis, il sortit de son virage, si brusquement que je faillis le perdre en poursuivant le mien. Une seconde plus tard je le retrouvai et vis sa main gauche qui me lançait le signal

de « piquer ». Aussitôt il plongea vers la nappe de brouillard, je suivis, et enfin ce fut la descente, une descente plate, presque tangentielle, mais néanmoins une descente, et d'à peine trente mètres, vers le néant.

Quitter un ciel fût-il faiblement éclairé pour plonger dans les nuages ou le brouillard donne l'impression de plonger dans un bain d'ouate grise. Brusquement il n'y a plus rien, rien d'autre que le tourbillon des filaments gris, qu'un million de vrilles qui se tendent pour vous happer et vous étrangler, chacune effleurant la paroi de l'habitacle d'une caresse éphémère pour aussitôt retour-

ner au néant. Cette fois la visibilité était pratiquement nulle, ni forme, ni volume, ni contour, ni substance. Sinon que contre mon aile gauche, à pas plus de douze mètres maintenant, je distinguais vaguement la silhouette indécise d'un Mosquito qui avec une certitude absolue volait vers quelque chose que je ne pouvais voir. Ce fut alors seulement que je me rendis compte qu'il naviguait tous feux éteints. Une seconde, je restai stupéfait, horrifié par ma découverte ; puis je compris la sagesse de l'homme. Par temps de brouillard les feux de position sont traîtres, hallucinants, fascinants. On risque de se laisser hypnotiser par eux, sans savoir s'ils sont à dix ou à

trente mètres de distance. On a tendance à s'en rapprocher ; pour deux avions pris dans le brouillard et dont l'un colle à l'autre, c'est un risque de catastrophe. L'homme avait raison.

Gardant toujours la formation, je sentis qu'il ralentissait, car moi aussi je réduisais les gaz, perdant de l'altitude et de la vitesse. Une fraction de seconde, je détournai les yeux pour consulter les deux instruments qui m'étaient indispensables : l'altimètre marquait zéro, l'aiguille de la jauge également, et ni l'un ni l'autre ne bronchait. Le badin, auquel j'avais en même temps jeté un coup d'œil, indiquait 120 nœuds — et à 95 ce foutu cercueil s'abattrait comme une pierre.

Soudain, sans préavis, le berger pointa un doigt, un seul, dans ma direction, puis en avant, droit dans son pare-brise. Ce qui signifiait : « Vous y êtes, continuez tout droit et posez-vous. » Je scrutai droit devant moi à travers le pare-brise maintenant ruisselant. Rien. Puis, si, quelque chose. Une tache floue à gauche, une autre à droite, puis deux, une de chaque côté. Auréolées de brouillard, il y avait des balises de chaque côté, qui défilaient à toute vitesse. J'écarquillai les yeux pour voir ce qu'il y avait entre. Rien, le noir. Puis un trait de peinture, qui filait sous mes pieds. La ligne médiane. Frénétiquement je coupai les gaz et m'efforçai de rester en palier, priant le ciel pour que le Vampire se pose.

Les balises étaient plus hautes maintenant, presque au niveau de mes yeux, pourtant il ne se posait toujours pas. Bang. La piste, nous l'avions touchée, nous l'avions touchée. Bang-bang. Encore une fois, mais de nouveau l'appareil flottait, quelques centimètres au-dessus de la piste noire et trempée. Bam-bam-bam-babam-grondement. Il s'était posé, les roues principales avaient mordu et accroché.

Le Vampire roulait, à plus de cent quarante kilomètres-heure, dans une mer de brouillard gris. J'effleurai la pédale des freins et à son tour la roue avant prit brutalement contact avec le sol. Les freins maintenant, doucement, surtout ne pas déraper, bien le tenir en main pour l'empêcher de déraper, davantage de frein, sinon nous allons effacer le bout de la piste. Les balises se succédaient à une allure moins précipitée, ralentissaient, encore, encore...

Le Vampire s'immobilisa. Je m'aperçus que j'avais les deux mains crispées sur le manche, plaquant la manette des freins contre mon ventre. J'ai oublié combien de temps je restai ainsi avant de parvenir à admettre que nous étions immobiles. Finalement je l'admis, bloquai le frein de parking et relâchai le frein principal. Puis je voulus couper le moteur, car il était hors de question de vouloir rouler sur la piste dans ce brouillard ; il faudrait qu'on envoie une Land-Rover pour me prendre en remorque. Il était inutile de couper le moteur, il avait fini par tomber en panne sèche pendant que le Vampire fonçait sur la piste. Je débranchai les autres circuits, carburant, hydraulique, électrique et pressurisation et, lentement, entrepris de défaire les sangles du harnais qui me ficelaient au siège et au paquet de mon parachute/dinghy. Au même instant, un mouvement accrocha mon regard. Sur ma gauche, à travers le brouillard, à moins de quinze mètres, au ras du sol et roues rentrées, le Mosquito passa dans un rugissement. J'entrevis l'éclair de la main du pilote plaquée contre le hublot latéral, puis il disparut, englouti par le brouillard, sans m'avoir vu agiter la main en retour. Mais j'avais déjà décidé d'appeler la base R.A.F. de Gloucester pour le remercier personnellement dès que je serais au mess des officiers.

Les circuits étant maintenant coupés, l'habitacle s'embuait rapidement, aussi libérai-je le dôme et, à la main, je le repoussai vers l'arrière et le haut jusqu'à ce que le verrou s'enclenche. Alors seulement, tandis que je me redressais, je me rendis compte à quel point il faisait froid. J'étais en nage sous la légère combinaison de vol en nylon, et, par contraste, dehors il gelait. Je m'attendais à voir arriver d'une seconde à l'autre le camion envoyé par la tour de contrôle, car en cas d'atterrissage forcé, même une veille de Noël, le fourgon des pompiers, l'ambulance et une demi-douzaine d'autres véhicules se tenaient toujours prêts à intervenir. Il ne se passa rien. Du moins, rien pendant dix bonnes minutes.

Le temps que deux phares surgissent à l'aveuglette du brouillard, je me sentais frigorifié. Les phares s'arrêtèrent à six mètres du Vampire immobile, comme écrasés par la masse du chasseur. Une voix lança :

— Hé, il y a quelqu'un ?

J'enjambai le bord de l'habitacle, sautai de l'aile sur le sol et me précipitai vers les phares. Il s'agissait en définitive d'une vieille Jowett Javelin, un vrai tacot. Pas une seule marque d'identification de la R.A.F. en vue. Derrière le volant, un visage bouffi de sac à bière et une moustache en guidon de vélo. Du moins portait-il une casquette d'officier de la R.A.F. Stupéfait, il me regardait émerger du brouillard.

— C'est à vous, ça ?

Il désigna d'un hochement de tête la masse indistincte du Vampire.

— Oui, dis-je, je viens juste de le poser.

— *Ess*traordinaire, fit-il, tout à fait *ess*traordinaire. Vous feriez mieux de grimper. Je vais vous ramener au mess.

Il faisait chaud à l'intérieur de la voiture et je me sentis comblé, mais plus encore d'être toujours en vie.

Laissant le tacot en première, il fit demi-tour et s'engagea prudemment sur la bretelle, dans l'intention évidente de rejoindre la tour et ensuite les

bâtiments du mess. Tandis que nous nous écartions du Vampire, je constatai que je m'étais immobilisé à six mètres d'un champ labouré, à l'extrême bout de la piste.

— Vous avez eu une sacrée veine, dit-il, ou plutôt hurla-t-il car, toujours en première, le moteur rugissait et, lui, semblait, pour sa part, s'embrouiller dans ses pédales. A sentir l'odeur de whisky qui chargeait son haleine, ce n'était guère surprenant.

— Une sacrée veine, acquiesçai-je. Je suis resté en panne sèche au moment où je me posais. Ma radio et tous les circuits ont claqué il y a environ cinquante minutes, au-dessus de la mer du Nord.

Il mit plusieurs minutes à digérer soigneusement la nouvelle.

— *Ess*traordinaire, finit-il par dire. Pas de compas ?

— Pas de compas. J'ai volé à l'estime en me guidant sur la lune. Jusqu'à la côte, ou plutôt jusqu'à l'endroit où je pensais que se trouvait la côte. Après...

— Pas de radio ?

— Pas de radio, dis-je. Morte, sur toutes les fréquences.

— Dans ce cas, comment avez-vous fait pour trouver le coin ? demanda-t-il.

Je perdais patience. Visiblement j'étais tombé sur une vieille baderne de capitaine qui ne brillait pas par l'intelligence et en outre n'avait sans doute jamais mis le pied dans un avion, en dépit de sa moustache en guidon de vélo. Un rampant. Et avec ça, saoul. Jamais il n'aurait dû être de service sur une base opérationnelle à cette heure de la nuit.

— On m'a guidé, expliquai-je patiemment.

(Telle est la faculté de récupération de la jeunesse que les procédures de détresse, maintenant que j'étais tiré d'affaire, me paraissaient déjà un jeu d'enfant). J'ai décrit de petits triangles, en virant à gauche, conformément aux instructions, et on m'a envoyé un berger pour me ramener. Aucun problème.

Il haussa les épaules, comme pour dire « si vous y tenez ». Finalement il dit :

— Une sacrée veine, n'empêche. Ça m'étonne que le gars ait réussi à trouver le terrain.

— Pour ça, pas de difficulté, expliquai-je patiemment. C'était un des appareils météo de la base R.A.F. de Gloucester. De toute évidence il avait une radio. Ce qui fait que nous avons volé jusqu'ici en formation et avec contrôle d'approche. Ensuite, quand j'ai vu les balises de la piste, je n'ai eu qu'à me poser.

Visiblement, l'homme était non seulement saoul, mais bouché.

— *Ess*traordinaire, répéta-t-il, en ravalant une goutte d'humidité qui pendait de sa moustache. Nous n'avons pas de dispositif de contrôle d'approche. En fait nous n'avons pas le moindre équipement de navigation, pas même un radiophare.

Cette fois, ce fut à mon tour de digérer la nouvelle.

— Ce n'est pas la base de Merriam St George, ici ? demandai-je d'une toute petite voix.

Il secoua la tête.

— Marham ? Chicksands ? Lakenheath ?

— Non, fit-il, ici c'est la base de Minton.

— Première fois que j'en entends parler, finis-je par dire.

— Cela ne me surprend pas. Nous ne sommes

pas opérationnels. Et ça, depuis des années. Minton est un dépôt. Excusez-moi.

Il arrêta la voiture et descendit. Je vis que nous nous trouvions à quelques mètres de la masse indistincte d'une tour de contrôle, flanquée d'une longue rangée de baraques Nissen qui, manifestement, avaient dû autrefois abriter les bureaux de l'escadrille, les salles de navigation et d'amphi. Au-dessus de la petite porte qui s'ouvrait au pied de la tour et où l'officier venait de s'engouffrer brûlait une unique ampoule nue. J'enregistrai vaguement des fenêtres brisées, des portes cadenassées, une atmosphère de décrépitude et d'abandon. L'homme revint et, avec des gestes mal assurés, se hissa de nouveau derrière le volant.

— Fallait que j'éteigne les balises de piste, déclara-t-il en lâchant un rot.

Tout tourbillonnait dans ma tête. Cette histoire était complètement folle, démente, illogique. Pourtant il devait bien y avoir une explication parfaitement rationnelle.

— Pourquoi les aviez-vous allumées ? demandai-je.

— A cause du bruit de votre moteur, dit-il. J'étais au mess des officiers en train de prendre un pot, quand v'là le vieux Joe qui m'dit d'ouvrir la fenêtre une seconde pour écouter ce qui se passait dehors. Vous étiez là, en train de tourner en rond juste au-dessus de nos têtes. Au bruit, j'ai eu l'impression que vous étiez sacrément bas, presque comme si vous vous prépariez à vous poser en catastrophe. J'me suis dit que je pouvais peut-être me rendre utile et puis j'me suis souvenu que quand on avait désarmé la base on avait oublié de débrancher les rampes de la vieille

piste, alors comme ça, j'ai couru à la tour de contrôle et je les ai allumées. »

— Je vois, fis-je, quand bien même je ne voyais pas du tout. Mais il fallait bien qu'il y eût une explication.

— C'est pour ça que j'ai tellement tardé à venir vous chercher. Il a fallu que je retourne au mess pour sortir la bagnole, sitôt que je vous ai eu entendu vous poser. Ensuite, il a fallu que je vous trouve. Sacré brouillard, c'te nuit.

Ça, on peut le dire, pensai-je. Pendant quelques minutes encore je ruminai le mystère. Puis je mis le doigt sur une explication.

— Où se trouve exactement la base de Minton ? lui demandai-je.

— A huit kilomètres de la côte, le port le plus proche est Cromer. Voilà où nous sommes, dit-il.

— Et quelle est la base opérationnelle de la R.A.F. la plus proche, équipée d'une infrastructure radio complète, contrôle d'approche compris ?

Il réfléchit quelques instants.

— Je crois que c'est Merriam St George, dit-il. Probable qu'ils ont tout ça. Mais sous toutes réserves, moi j'suis qu'un simple magasinier.

Je la tenais, mon explication. Une fois franchie la côte, mon ami inconnu, le pilote de l'avion météo, avait eu l'intention de me ramener tout droit à Merriam St George. Le hasard avait

voulu que Minton, Minton le vieux dépôt abandonné, avec ses balises grises de toiles d'araignée et son poivrot de commandant, se trouvât en plein sur la trajectoire d'approche du terrain de Merriam. Le contrôleur de la circulation aérienne de Merriam nous avait demandé de boucler deux circuits pendant qu'à quinze kilomètres de là il allumait ses feux de piste, mais ce vieil idiot lui aussi avait allumé les siens. Résultat : au cours des quinze derniers kilomètres de mon approche, j'étais allé planter mon Vampire sur un terrain qui n'était pas le bon. J'étais sur le point de lui conseiller d'éviter à l'avenir d'aller fourrer son nez dans des procédures modernes trop compliquées pour lui, quand je ravalai mes mots. A mi-longueur de piste j'étais tombé en panne sèche. Merriam se trouvait quinze kilomètres en avant, je n'aurais jamais tenu jusque-là. Je me serais écrasé dans les champs avant même de toucher la piste. Par un stupéfiant coup de hasard, j'avais eu, comme il disait, une sacrée veine.

Le temps que je fignole l'explication rationnelle de ma présence sur ce terrain quasi abandonné, nous étions arrivés au mess des officiers. Mon hôte gara sa voiture devant la porte et nous descendîmes. La lueur d'une lampe allumée au-dessus du porche dissipait le brouillard et illuminait le blason quelque peu écorné gravé aux armes de la Royal Air Force fixé au-dessus du seuil. A droite, un panneau vissé au mur annonçait : « Base R.A.F. de Minton. » A gauche, un second panneau précisait : « Mess des officiers. » Nous entrâmes.

La salle du cercle était vaste et spacieuse, mais elle datait manifestement de la période d'avant-

guerre où la mode était aux fenêtres à châssis de métal, modèle réglementaire. Tout suait l'abandon et semblait dire « on a connu des jours meilleurs ». Et c'était bien vrai. Deux uniques fauteuils club au cuir tout craquelé meublaient le vestibule, assez grand pour en accueillir vingt. Sur la droite, le vestiaire offrait une longue penderie vide destinée à recevoir des manteaux inexistants. Mon hôte, qui se présenta comme le capitaine Marks, se débarrassa de sa veste doublée de mouton qu'il jeta sur un des fauteuils. Il portait un pantalon d'uniforme, mais avait passé un pull-over bleu de grosse laine bourrue en guise de veste. Sans doute n'était-ce pas très drôle de

se trouver de garde le soir de Noël dans un trou pareil.

Il m'expliqua qu'il était l'adjoint du chef de la base, ledit chef, un commandant, étant parti en permission de Noël. A part lui et son supérieur, la base pouvait s'enorgueillir d'un sergent, de trois caporaux, dont l'un était de service de Noël et sans doute, lui aussi, tout seul au mess des caporaux, et de vingt manutentionnaires, tous en permission. Lorsqu'ils n'étaient pas en permission, ils passaient leurs journées à trier et à classer des tonnes d'uniformes de surplus, de parachutes, de chaussures et autres articles indispensables à la bonne marche d'un service combattant.

R.A.F.
STATION
MINTON

Le vestibule était doté d'une grande cheminée en brique, mais il n'y avait pas de feu, pas plus que dans le bar. Les deux pièces étaient de vraies glacières et j'avais eu beau me réchauffer un peu dans la voiture, je recommençais à frissonner. Marks poussait à tour de rôle les portes qui donnaient dans le foyer, appelant à grands cris un nommé Joe. Par-dessus son épaule, j'aperçus la salle à manger, spacieuse, mais abandonnée, elle aussi sans feu et glaciale, et les deux couloirs jumeaux dont l'un menait aux chambres des officiers, l'autre aux quartiers du personnel. Dans la

R.A.F., l'architecture ne varie guère ; le style est immuable.

— Désolé que tout ça ne soit pas plus hospitalier, mon vieux, s'excusa Marks qui n'avait toujours pas réussi à débusquer le nommé Joe. Comme il n'y a que nous deux à la base, et que pour ainsi dire nous ne recevons jamais de visites, nous avons pris chacun deux chambres pour les transformer en espèces de petits studios, et c'est là que nous vivons. Y a que nous deux, alors, pas vrai, ça ne vaut guère la peine d'utiliser tout cet espace. L'hiver on n'arrive pas à tout chauffer, vous savez ; pas avec ce qu'on nous attribue comme combustible. Et y a pas moyen de trouver de personnel.

Cela paraissait raisonnable. A sa place, sans doute en aurais-je fait autant.

— Ne vous faites pas de souci, dis-je en jetant mon casque et son masque à oxygène sur le deuxième fauteuil de cuir. N'empêche que si je pouvais prendre un bain et manger un morceau, ça ne serait pas de refus.

— Ça doit pouvoir se faire, dit-il, en s'appliquant de son mieux à jouer les maîtres de maison. Je vais demander à Joe de vous préparer une des chambres disponibles — Dieu sait que ce n'est pas ça qui manque —, et de faire chauffer l'eau. Il vous bricolera aussi un casse-croûte. Pas grand-chose, je le crains. Des œufs au bacon, ça ira ?

Je hochai la tête. Je supposais maintenant que le vieux Joe était le maître d'hôtel.

— Ce sera parfait. En attendant, ça vous ennuierait que je me serve de votre téléphone ?

— Pas du tout, pas du tout, bien sûr, il faut que vous signaliez votre arrivée.

Il me fit passer dans la pièce contiguë au bar, le bureau de l'économe du mess. La pièce était petite et froide, mais elle était pourvue d'une chaise, d'une table nue et d'un téléphone. Je composai le 100 pour appeler la poste locale et pendant que j'attendais, Marks revint en m'apportant un gobelet de whisky. En règle générale je ne prends jamais d'alcool, mais je me dis que cela me réchaufferait et j'acceptai, sur quoi il me quitta pour aller surveiller le maître d'hôtel. Je regardai ma montre et vis qu'il n'était pas loin de minuit. Fichue manière de passer Noël, pensai-je.

Puis je me souvins que trente minutes plus tôt j'implorais Dieu de m'envoyer du secours et j'eus honte.

« Little Minton », annonça une voix assoupie. Il me fallut un siècle pour obtenir la communication car j'ignorais le numéro de Merriam St George, mais la standardiste finit par me le trouver. J'entendais sur la ligne un bruit de voix joyeuses, la famille de la standardiste en train de festoyer dans une pièce à l'arrière-plan, sans doute le logement de la poste du village. Finalement la sonnerie se fit entendre.

— Base de Merriam St George, annonça une

voix d'homme. Le sergent du poste de garde, me dis-je.

— Passez-moi l'officier de service à la circulation aérienne, je vous prie, dis-je.

Il y eut un silence.

— Excusez-moi, *sir*, fit la voix, puis-je savoir qui est à l'appareil ?

Je déclinai mon nom et mon grade. J'appelais de la base R.A.F. de Minton, précisai-je.

— Je vois, *sir*. Je regrette, mais personne ne vole cette nuit, *sir*. Et il n'y a personne de garde à la circulation aérienne. Mais il y a encore des officiers au mess.

— Dans ce cas, passez-moi l'officier de service de la base, je vous prie.

Quand je l'eus au bout du fil, je devinai qu'il se trouvait au mess, car, en fond sonore, j'entendais un brouhaha de voix animées. Je fis le récit de mes ennuis et expliquai que sa base avait été prévenue de l'arrivée d'un chasseur Vampire contraint de faire un atterrissage forcé sans radio avec contrôle d'approche. Il m'écouta attentivement. Peut-être lui aussi était-il jeune et consciencieux, en tout cas il était parfaitement sobre comme est censé l'être à tout moment un officier de garde, même le soir de Noël.

— Je ne suis pas au courant, finit-il par dire. Nous avons fermé cet après-midi à 5 heures et je ne pense pas que nous ayons été opérationnels depuis. Mais je n'ai rien à voir avec la Circulation aérienne. Ne quittez pas, je vous prie. Je vais vous passer le lieutenant-colonel de la Circulation. Il est ici.

Il y eut un silence, puis une voix plus âgée se fit entendre. Je recommençai mes explications.

— D'où appelez-vous ? demanda-t-il après avoir pris note de mon nom, de mon grade et de la base où j'étais affecté.

— De la base R.A.F. de Minton, *sir*. J'ai été forcé de m'y poser tout à l'heure. Apparemment, elle est quasiment abandonnée.

— Oui, je sais, fit-il d'une voix nonchalante. Fichue poisse. Voulez-vous que j'envoie une Tilly vous prendre ?

— Non, il ne s'agit pas de ça, *sir*. Ça m'est égal d'être ici. Simplement, je me suis trompé de terrain en me posant. J'ai de bonnes raisons de croire que j'aurais dû atterrir chez vous en approche contrôlée.

— Ma foi, décidez-vous. Vous veniez chez nous, oui ou non ? Vous devriez le savoir. D'après ce que vous dites, c'est vous qui le pilotiez, ce foutu zinc.

Je respirai un bon coup et repris toute l'histoire au début.

— Vous comprenez, *sir*, j'ai été intercepté par l'avion météo de Gloucester, et il m'a pris en charge. Mais à cause du brouillard, il s'agissait forcément d'une approche contrôlée. Impossible de se poser autrement. N'empêche que quand j'ai vu les feux de Minton, j'ai cru que j'étais à Merriam St George et je me suis posé.

— Magnifique, dit-il au bout d'un instant. Un pilote épatant, ce type de Gloucester. Normal, ils sortent par tous les temps, ces gars-là. C'est leur boulot. Alors, qu'est-ce que vous attendez de nous ?

La moutarde me montait au nez. Lieutenant-colonel ou pas, c'était le soir de Noël et il avait son compte.

— Je vous appelle pour vous avertir que vous pouvez prévenir vos équipes du radar et de la circulation aérienne qu'il est inutile d'attendre plus longtemps. Ils attendent sans doute un Vampire qui n'arrivera jamais. Il est déjà arrivé — ici, à Minton.

— Mais tout est fermé chez nous, dit-il. Nous avons coupé tous nos dispositifs à 5 heures. Et personne ne nous a demandé de les remettre en service.

— Mais Merriam St George a bien un dispositif de contrôle d'approche, protestai-je.

— Je le sais, hurla-t-il. Mais personne ne l'a utilisé cette nuit. Tout est fermé depuis cinq heures.

Lentement, soigneusement, je posai ma question suivante, la dernière.

— Pouvez-vous me dire, *sir*, où se trouve la base R.A.F. la plus proche qui garde l'écoute toute la nuit sur la longueur d'ondes de 121,5 mètres, la base la plus proche d'ici qui maintient vingt-quatre heures sur vingt-quatre un service d'écoute sur les fréquences de détresse ?

(121,5 mètres est la fréquence internationale utilisée par les avions en détresse.)

— Oui, fit-il avec une égale lenteur. A l'ouest, base R.A.F. de Marham. Au sud, base R.A.F. de Lakenheat. Et maintenant bonsoir. Joyeux Noël.

Il raccrocha. Je me laissai aller contre le dossier et pris une profonde inspiration. Marham était situé à soixante kilomètres, à l'autre bout du Norfolk. Lakenheath se trouvait à soixante kilomètres au sud, dans le Suffolk. Avec mon réservoir vide, non seulement je n'aurais pas pu atteindre Merriam St George, mais la base n'était pas opérationnelle. Alors comment aurais-je pu pousser jusqu'à Marham ou Lakenheath ? Et j'avais dit au pilote du Mosquito qu'il ne me restait plus que cinq minutes de carburant. Il m'avait fait signe qu'il avait compris. De toute façon, lorsque nous avions plongé dans le brouillard, il volait beaucoup trop bas pour que nous puissions couvrir soixante kilomètres à cette altitude. Aucun doute, j'avais eu affaire à un fou.

L'idée se fit alors jour dans mon esprit qu'en réalité je ne devais pas la vie au pilote météo de Gloucester, mais au capitaine Marks, le vieux rond-de-cuir, le sac à bière, cette vieille baderne de capitaine Marks, incapable de distinguer le

nez de la queue d'un avion, mais qui n'avait pas hésité à parcourir quatre cents mètres au pas de course dans le brouillard pour brancher les feux d'une piste désaffectée, parce qu'il avait entendu un avion à réaction tourner en rond au-dessus de sa tête un peu trop près du sol. N'empêche que maintenant le Mosquito devait avoir regagné Gloucester et je me devais de prévenir le pilote que, malgré tout, je m'en étais sorti.

— Gloucester ? protesta la standardiste, à une heure pareille ?

— Oui, répliquai-je fermement, Gloucester, à une heure pareille.

Les escadrilles météo ont quelque chose de bon, elles sont toujours en service. Le météo de garde prit l'appel. Je lui expliquai la situation.

— Je crains bien qu'il y ait une erreur, lieutenant, dit-il. Impossible qu'il s'agisse de quelqu'un de chez nous.

— Ecoutez, vous *êtes* la base R.A.F. de Gloucester, oui ou non ?

— Oui, bien sûr. L'officier météo de garde à l'appareil.

— Parfait. Et votre unité utilise des Mosquitos pour effectuer des relevés de pression et de température en haute altitude, d'accord ?

— Erreur, dit-il. Nous utilisions des Mosquitos autrefois. Ils ont été retirés du service il y a trois mois. Maintenant nous avons des Canberras.

Je restai là, le téléphone à la main, le fixant d'un regard ébahi. Puis il me vint une idée.

— Que sont-ils devenus ? demandai-je. Je devais avoir affaire à un brave vieux bonhomme d'une courtoisie et d'une patience hors pair pour qu'il tolère des questions aussi foutument stupides à une heure pareille.

— A mon avis, on les aura envoyés à la casse, ou plus probablement dans les musées. Vous savez, de nos jours, ils sont devenus très rares.

— Je sais, dis-je. Est-il possible que l'un d'eux ait été vendu à un particulier ?

— Je suppose que c'est possible, fit-il au bout de quelques instants. Tout dépend de la politique actuelle du ministère de l'Air. Mais je suis quasiment certain qu'on les aura envoyés dans des musées.

— Merci. Merci beaucoup. Et Joyeux Noël.

Je reposai le combiné et secouai la tête, médusé. Quelle nuit, quelle nuit incroyable. Pour commencer, je me retrouve privé de ma radio et de tous mes instruments, puis je me perds et risque de tomber en panne sèche, ensuite je suis pris en remorque par un casse-cou en vadrouille, un dingue du manche à balai amateur de vieux coucous qui se balade la nuit aux commandes de son propre Mosquito, me repère par pur hasard et manque à un cheveu près de me tuer, et finalement c'est un rampant, un officier à moitié ivre, qui a la bonne idée d'allumer ses balises juste à temps pour me sauver la vie. En fait de veine, il est difficile d'en avoir davantage. Mais une chose était certaine ; cet amateur, cet as du manche, n'avait pas eu la moindre idée de ce qu'il faisait. Par ailleurs où serais-je sans lui, objectai-je. Mort maintenant, balloté par la mer du Nord.

Levant le reste de mon whisky à sa santé et en

hommage à l'étrange passion qui lui faisait piloter en solitaire de vieux zincs, je vidai mon verre d'un coup. Le capitaine Marks passa la tête dans l'entrebâillement de la porte.

— Votre chambre est prête, annonça-t-il. Le numéro dix-sept. Joe s'occupe de vous allumer du feu. Votre bain est en train de chauffer. Si ça ne vous fait rien, je crois que je vais aller me mettre au lit. Vous pensez pouvoir vous débrouiller tout seul ?

Je l'accueillis cette fois avec plus de chaleur, il le méritait bien.

— Certainement, tout ira bien. Merci beaucoup pour tout ce que vous avez fait.

Je pris mon casque et enfilai le couloir, longeant les chambres aux portes numérotées qui avaient abrité tant d'officiers célibataires depuis longtemps mutés ailleurs. Sous la porte du dix-sept, un rai de lumière filtrait dans le couloir. Lorsque j'entrai, un vieil homme agenouillé devant la cheminée se releva. Son aspect me surprit. D'ordinaire, les maîtres d'hôtel de mess sont des hommes de la R.A.F. Celui-ci n'avait pas loin de soixante-dix ans et c'était manifestement un civil recruté dans les environs.

— Bonsoir, *sir*, dit-il. C'est moi Joe, *sir*. Je suis le maître d'hôtel.

— Je sais, Joe, Mr Marks m'a parlé de vous.

16

Navré de vous causer tant de dérangement à une heure pareille. Disons que je suis tombé chez vous par hasard.

— Oui, c'est ce que m'a dit Mr Marks. Votre chambre sera prête dans un instant. Dès que le feu aura pris, il fera très bon.

Il faisait encore froid dans la pièce et je frissonnais sous ma combinaison de nylon. J'aurais dû demander à Marks de me prêter un pull, mais je n'y avais pas pensé.

Je décidai de prendre mon repas solitaire dans ma chambre et, lorsque Joe sortit pour aller me le chercher, je m'octroyai un bain rapide, l'eau

étant enfin raisonnablement chaude. Tandis que je me frictionnais vigoureusement et me drapais dans la robe de chambre, vieille mais chaude, que le vieux Joe m'avait apportée, il dressa une petite table et y posa un plat d'œufs au bacon encore bouillants. Il faisait maintenant une chaleur agréable, le charbon flambait dans la cheminée, les rideaux étaient tirés. Pendant que je mangeais, ce qui ne me prit que quelques minutes car j'avais une faim de loup, le vieux maître d'hôtel resta pour bavarder.

— Vous êtes ici depuis longtemps, Joe ? lui demandai-je, davantage par politesse que par véritable curiosité.

— Oh oui, *sir*, pas loin de vingt ans ; je suis arrivé juste avant la guerre, quand on a ouvert la base.

— Vous avez dû en voir des changements, hein ? Ça n'a pas toujours été comme ça.

— Ça, vous pouvez le dire, *sir*, vous pouvez le dire.

Et il me parla de l'époque où les chambres étaient bondées de jeunes pilotes pleins d'enthousiasme, où le réfectoire vibrait du vacarme des assiettes et des couverts, où le bar retentissait de chansons paillardes ; des mois et des années où, au-dessus du terrain, le ciel crépitait et grondait du fracas des moteurs à piston qui emportaient les avions au combat et les ramenaient au sol.

Tout en l'écoutant, je terminai mon repas et vidai la demi-bouteille de vin rouge qu'il avait dénichée à mon intention dans la réserve du bar. Un maître d'hôtel parfait, ce Joe.

Lorsque j'eus terminé, je me levai de table, extirpai une cigarette de la poche de ma combinaison, l'allumai et me mis à déambuler dans la pièce.

Le maître d'hôtel entreprit de débarrasser la table. Je fis halte devant un cadre contenant une vieille photo, posé solitaire sur le manteau de la cheminée où le feu crépitait gaiement. Je portais ma cigarette à mes lèvres quand je m'arrêtai court, avec l'impression que tout se figeait autour de moi.

La photo était vieille et tachée, mais derrière le verre le cliché restait encore assez net. Il montrait un jeune homme d'environ mon âge, guère plus de vingt ans, en équipement de vol. Mais ce n'était ni la combinaison de nylon bleu ni le casque en plastique luisant, de rigueur aujourd'hui. Il était équipé de lourdes bottes fourrées de mouton, d'un pantalon de grosse serge et de l'épaisse veste doublée de mouton à fermeture à glissière. A sa main gauche pendait un serre-tête en cuir souple comme en portaient autrefois les pilotes, avec de grosses lunettes, remplacées de nos jours par la visière teintée. Il était campé jambes écartées, la main droite sur la hanche, dans une

posture de défi, mais il ne souriait pas. Il fixait l'appareil photo avec une expression tendue et sévère. Les yeux avaient quelque chose de triste.

Derrière lui, parfaitement distinct, on voyait son appareil. Sans erreur possible, c'était la silhouette fine et élancée du chasseur-bombardier Mosquito, avec, accrochés bas sous les ailes, les deux capots qui abritaient les deux moteurs jumeaux Merlin auxquels il devait ses extraordinaires qualités. J'étais sur le point de dire quelque chose à Joe lorsque je sentis une rafale d'air froid dans mon dos. Une des fenêtres venait de s'ouvrir brusquement et l'air glacé s'engouffrait dans la chambre.

— Je vais la refermer, *sir*, dit le vieil homme, en esquissant un geste pour reposer les assiettes sur la table.

— Non, laissez, je m'en charge.

En deux enjambées je fus devant la fenêtre qui se balançait sur son châssis de métal. Je passai derrière le rideau pour la saisir plus commodément et regardai au-dehors. Par vagues, le brouillard tourbillonnait autour du vieux mess, perturbé par le courant chaud qui sortait de la fenêtre. Quelque part, très loin dans le brouillard, je crus entendre un grondement de moteurs. Mais il n'y avait pas de moteurs dehors, sinon peut-être celui d'un jeune fermier qui là-bas, dans les marais, prenait congé de sa petite amie. Je refermai la fenêtre, m'assurai qu'elle était bien fixée et revins dans la pièce.

— Qui était le pilote, Joe ?

— Le pilote, *sir* ?

Je désignai de la tête la photo solitaire posée sur la cheminée.

— Oh, je vois, *sir*. Ça, c'est une photo de Mr Kavanagh. Il était ici pendant la guerre, *sir*.

Il posa le verre à vin en équilibre au sommet de la pile d'assiettes qu'il se préparait à emporter.

— Kavanagh ?

Je revins à la photo et l'examinai avec attention.

— Oui, *sir*. Un gentleman irlandais. Quelqu'un de tout à fait remarquable, si je puis me permettre. En fait, *sir*, cette chambre était la sienne.

— Quelle était donc cette escadrille, Joe ?

Je continuai à examiner l'appareil visible à l'arrière-plan.

— Une escadrille de reconnaissance, *sir*. Des Mosquitos, qu'ils pilotaient. Rien que des as, les pilotes, *sir*. Mais je dirais que selon moi Mister Johnny était le meilleur de tous. Mais, *sir*, faut dire que je suis partial. Vous comprenez, j'étais son ordonnance.

Aucun doute n'était permis. Les lettres vaguement visibles sur le nez du Mosquito derrière la silhouette au premier plan de la photo étaient J.K. Non pas Juliet Kilo, mais Johnny Kavanagh.

Toute l'affaire était claire comme le jour. Kavanagh avait été un pilote de grande classe, il avait servi pendant la guerre dans une escadrille d'élite. La guerre terminée, il avait quitté l'Air Force, sans doute pour monter une affaire de voitures d'occasion, comme l'avaient fait tant d'autres pilotes. Et, profitant de la prospérité des années cinquante, il avait fait sa pelote, s'était probablement payé une belle maison à la campagne et il lui était resté de quoi se consacrer à sa véritable passion — piloter. Ou plutôt recréer le passé, son époque de gloire. Il avait acheté un vieux Mosquito dans l'une des ventes aux enchères où périodiquement la R.A.F. se débarrassait de ses appareils démodés, l'avait remis en état et le pilotait sans prévenir personne chaque fois que l'envie lui en prenait. Pas une mauvaise manière d'occuper ses loisirs, à condition d'avoir l'argent.

C'est ainsi que rentrant d'une virée quelque part en Europe, il avait dû me repérer en train de boucler mes triangles au-dessus du banc de brouillard, avait compris que j'était coincé et m'avait pris en remorque. Déterminant avec précision sa position en recoupant les signaux des balises radio, connaissant comme sa poche cette portion de la côte, il avait choisi de courir le risque de retrouver son vieux terrain de Minton malgré l'épais brouillard. Un sacré risque. Mais comme de toute manière j'étais à court de carburant, c'était ça ou casser du bois.

Je ne doutais pas qu'il me serait possible de retrouver l'homme, sans doute par l'intermédiaire du Royal Aero Club.

— Pour ça, c'était un bon pilote, dis-je pensivement, songeant à l'exploit de la soirée.

— Le meilleur, *sir,* dit le vieux Joe dans mon dos. Mister Johnny, tout le monde disait qu'il avait des yeux de chat. Je me souviens que bien des fois quand l'escadrille revenait de lâcher des fusées de repérage sur les objectifs des bombardiers en Allemagne, les autres jeunes messieurs filaient aussitôt au bar pour prendre un verre. Ou plutôt plusieurs. »

— Lui ne buvait pas ? demandai-je.

— Oh si, *sir,* mais le plus souvent il préférait refaire le plein de son Mosquito et redécoller aussitôt, tout seul, pour retourner au-dessus de la Manche ou de la mer du Nord, dans l'espoir de repérer un bombardier endommagé qui aurait cherché à rejoindre la côte et de le guider jusqu'au terrain.

Je fronçai les sourcils, surpris. Ces gros bombardiers pouvaient rentrer à leurs propres bases.

— Mais souvent il arrivait que certains avaient beaucoup souffert de la D.C.A. ennemie et des fois ils avaient perdu leur radio. De partout, qu'il en venait. De Marham, Scampton, Cotteshall, Waddington ; les gros quadrimoteurs, des Halifaxs, des Stirlings et des Lancasters, tout ça un bail avant votre temps, sauf votre respect, *sir.*

— J'en ai vu en photo, dis-je modestement.

Et on en voit quelquefois dans les défilés. Alors, comme ça, il les ramenait ?

Je les imaginais, des trous béants dans la carlingue, les ailes et la queue, grinçant et bringuebalant de toutes parts tandis que le pilote luttait pour garder le cap sur la base, l'équipage blessé ou agonisant, la radio en miettes. Et je connaissais, de par une expérience qui n'était que trop récente, l'amère solitude du ciel d'hiver la nuit, sans radio ni guide pour rentrer et avec le brouillard qui effaçait la terre.

— C'est exact, *sir*. Il décollait une deuxième fois la même nuit, pour patrouiller au-dessus de la mer du Nord, à la recherche d'un avion en détresse. Ensuite il le ramenait à la base ; jusqu'ici à Minton et parfois par un brouillard si épais qu'on ne voyait même pas le bout de son nez. Un sixième sens, que tout le monde disait qu'il avait ; c'était son sang irlandais.

Je me détournai et éteignis ma cigarette dans le cendrier posé à la tête du lit. Joe était près de la porte.

— Un sacré type, dis-je, et je le pensais. Même aujourd'hui, la cinquantaine bien sonnée, c'était un pilote magnifique.

— Oh oui, *sir,* un sacré type, Mister Johnny. Je me souviens encore qu'un jour il m'a dit, tenez, il était là devant le feu, à l'endroit même où vous êtes : « Joe », qu'il m'a dit, « chaque fois qu'il y en aura un de perdu là-bas dans la nuit et qui essaiera de rentrer, je partirai à sa recherche. »

Je hochai la tête avec gravité. C'était clair, le vieil homme gardait un culte à son ancien offier.

— Eh bien », dis-je, à ce qu'on dirait, il n'a pas perdu la main.

Cette fois Joe sourit.

— Oh ça, j'ai peine à le croire, *sir*. Mister Johnny s'est envolé pour sa dernière patrouille en 1943, la veille de Noël, ça fait quatorze ans ce soir jour pour jour. Il n'est jamais rentré, *sir*. Il s'est abattu avec son avion quelque part là-bas, au-dessus de la mer du Nord. Bonne nuit, *sir*. Et Joyeux Noël.

COLLECTION FOLIO JUNIOR

DÉJA PARUS

Allan, Ted
Histoire d'un souricureuil

Andersen, Hans Christian
La reine des neiges
La vierge des glaciers

Anonymes
Ali Baba et les quarante voleurs
Aventures du baron de Münchhausen
Histoire d'Aladdin ou la lampe merveilleuse
Histoire de Sindbab le marin
Le petit bossu
Le roman de Renart *Tome 1*

Asturias, Miguel Angel
L'homme qui avait tout tout tout

Aymé, Marcel
Les bottes de sept lieues
Les contes bleus du chat perché
Les contes rouges du chat perché

Bédollière, Émile de la
Histoire de la Mère Michel et de son chat

Beecher-Stowe, Harriet
La case de l'Oncle Tom

Bonheur, Gaston
Tournebelle

Borodine, Léonide
L'année du miracle et de la tristesse

Bosco, Henri
L'âne culotte
L'enfant et la rivière

Brissac, Elvire de
Grabuge et l'indomptable Amélie

Buisson, Virginie
L'Algérie ou la mort des autres

Burnett, Frances Hudges
Le petit lord Fauntleroy

Buzzati, Dino
Le chien qui a vu Dieu
La fameuse invasion de la Sicile par les ours

Campbell, Reginald
Sa majesté le tigre

Camus, William
Les oiseaux de feu et autres contes peaux-rouges

Capote, Truman
L'invité d'un jour

Carroll, Lewis
Alice au pays des merveilles
De l'autre côté du miroir et ce qu'Alice y trouva

Cendrars, Blaise
Petits contes nègres pour les enfants des Blancs

Chaillou, Michel
La vindicte du sourd

Colum, Padraïc
Le fils du roi d'Irlande

Cooper, James Fenimore
Le dernier des mohicans

Coué, Jean
L'homme de la rivière Kwaï
Kopoli le renne guide

Dahl, Roald
Charlie et la chocolaterie
Charlie et le grand ascenseur de verre
Les deux gredins
L'enfant qui parlait aux animaux
Fantastique Maître Renard
James et la grosse pêche
La potion magique de Georges Bouillon

Daudet, Alphonse
La dernière classe et autres contes du lundi
Lettres de mon moulin
Le petit chose
Tartarin de Tarascon

Déon, Michel
Thomas et l'infini

Dhôtel, André
L'enfant qui disait n'importe quoi
Le pays où l'on n'arrive jamais

Dickens Charles
La vie de N.-S. Jésus-Christ
Le grillon du foyer

Escoula, Yvonne
Six chevaux bleus

Fallet, René
Bulle, ou la voix de l'océan

Faulkner, William
L'arbre aux souhaits

Fon Eisen, Anthony
Le prince d'Omeyya

Forsyth, Frederik
Le berger

Frère, Maud
Vacances secrètes

Gamarra, Pierre
Six colonnes à la une

Garrel, Nadine
Au pays du grand condor
Les Princes de l'Exil

Gautier Théophile
Le roman de la momie

Gilbreth, Frank et Ernestine
Treize à la douzaine

Golding, William
Sa majesté des mouches

Gordon, Donald
Alerte à Mach 3

Grandville
Un renard pris au piège

Grimm
Hans-mon-hérisson
et treize autres contes
Les trois plumes
et douze autres contes

Gripari, Pierre
La sorcière de la rue Mouffetard *et autres contes de la rue Broca, t. I*
Le gentil petit diable
et autres contes de la rue Broca, t. II

Guillot, René
Sama prince des éléphants

Halévy, Dominique
L'enfant et l'étoile

Hatano Isoko et Hatano Ichirô
L'enfant d'Hiroshima

Held, Jacqueline
Le chat de Simulombula

Hemingway, Ernest
Le vieil homme et la mer

Hickok, Lorena
L'histoire d'Helen Keller

Hines, Barry
Kes

Jackson, Steve
La Citadelle du Chaos
La Galaxie Tragique

Jackson, Steve et Livingstone, Ian
Le Sorcier de la Montagne de Feu

Jacob, Max
Histoire du roi Kaboul Ier et du marmiton Gauwain *suivi de* **La couronne de Vulcain**

Jayez, Renée
Guemla des collines

Kästner, Erich
La conférence des animaux
Les gens de Schilda

Kemal, Yachar
Le roi des éléphants

Kessel, Joseph
Le lion
Le petit âne blanc
Une balle perdue

Kipling, Rudyard
Histoires comme ça
Le livre de la jungle

Kis, Danilo
Chagrins précoces

Korczak, Janusz
Le roi Mathias Ier
Tome I, Tome II

La Fontaine, Jean de
Le loup et l'agneau et autres fables

Lansing, Alfred
Les rescapés de l'endurance

Laureillard, Rémi
Fred le nain et Maho le géant
Une fée sans baguette

Le Clézio, J.M.G.
Celui qui n'avait jamais vu la mer
Lullaby

Leroy, Eugène
Jacquou le Croquant

Leuse, Claude de
La Belle et le Feijao

Livingstone, Ian
La Cité des Voleurs
La Forêt de la malédiction
L'Ile du Roi Lézard
Le Labyrinthe de la Mort

London, Jack
L'Amour de la vie
suivi de **Négore le Lâche**
L'appel de la forêt
Croc-Blanc
Le loup des mers
Le mouchoir jaune
Un petit soldat

Mac Orlan, Pierre
L'ancre de miséricorde
Les clients du Bon Chien Jaune

Malineau, Jean-Hugues
La tue-mouche

Malot, Hector
En famille, *t. I*
En famille, *t. II*
Sans famille, *t. I*
Sans famille, *t. II*

Manceron, Claude
Austerlitz
Le citoyen Bonaparte

Massepain, André
L'île aux fossiles vivants

Maurois, André
Patapoufs et Filifers

Ménard, Jean-François
L'île du Dieu maussade
Le voleur de chapeaux

Mirman, Louis
Le silex noir

Monfreid, Henri de
Abdi, enfant sauvage

Mörike, Eduard
Un voyage de Mozart à Prague

Neil, A.S.
Le nuage vert

Norton, Mary
Tous les géans sont-ils bien morts ?

Ollivier, Jean
Histoire du gaillard d'avant

Pef
La grande aventure du livre

Pelot, Pierre
Sierra brûlante

Pergaud, Louis
La guerre des boutons

Perrault, Charles
Contes de ma mère l'Oye

Peyramaure, Michel
La vallée des mammouths

Prévert Jacques
Contes pour enfants pas sages
Lettres des îles Baladar

Price, Willard
Pièges dans la jungle
Pièges sous le Pacifique

Renard, Jules
Poil de carotte

Roy, Claude
Enfantasques
La maison qui s'envole
Le chat qui parlait malgré lui

Saint-Exupéry, Antoine de
Le petit prince

Saint Luc
Évangile selon saint Luc

Sand, George
Histoire du véritable Gribouille

Scott, Walter
Ivanhoé, *t. I*
Ivanhoé, *t. II*

Ségur, Comtesse de
L'auberge de l'Ange-Gardien
François le bossu
Jean qui grogne et Jean qui rit
Le général Dourakine
Le mauvais génie
Les bons enfants
Les deux nigauds
Les malheurs de Sophie
Les nouveaux contes de fées
Les petites filles modèles
Les vacances
Mémoires d'un âne
Un bon petit diable

Sempé
Marcellin Caillou

Sempé/Goscinny
Joachim a des ennuis
Le petit Nicolas et les copains
Les récrés du petit Nicolas
Les vacances du petit Nicolas

Séverin, Jean
Le soleil d'Olympie

Solet, Bertrand
Les révoltés de Saint-Domingue

Stahl, Pierre-Jules
Les aventures de Tom Pouce

Steig, William
Dominic
L'île d'Abel

Steinbeck, John
Le poney rouge

Stevenson, Robert Louis
Le diable dans la bouteille
L'île au trésor

Stranger, Joyce
Le renard rouge et les tambours fantômes

Sue, Eugène
Kernok le pirate

Swift, Jonathan
Voyage de Gulliver à Lilliput

Thompson, Kay
Eloïse

Thurber, James
La dernière fleur

Tolstoï, Léon
Maître et serviteur

Tournier, Michel
L'aire du Muguet
Les rois mages
Sept contes
Vendredi ou la vie sauvage

Twain, Mark
La célèbre grenouille sauteuse *et autres contes*
Huckleberry Finn
Les aventures de Tom Sawyer

Vernes, Jules
Autour de la lune
Aventures de trois Russes et de trois Anglais dans l'Afrique Australe
Cinq semaines en ballon
De la terre à la lune
Le tour du monde en 80 jours
La journée d'un journaliste américain en 2889
suivi de **L'éternel Adam**
Les Indes noires
Les révoltés de la « Bounty »
Maître Zacharius *suivi de*
Un drame dans les airs
Michel Strogoff, *t. I*
Michel Strogoff, *t. II*
Une fantaisie du docteur Ox
Un hivernage dans les glaces
Voyages au centre de la terre

Viollet-le-Duc
Le siège de la Roche-Pont

Wells, H.G.
La guerre des mondes
La machine à explorer le temps

Wilde, Oscar
L'anniversaire de l'infante
suivi de **L'enfant de l'étoile**
Le prince heureux
Le géant égoïste *et autres contes*

Williams, Charles
Fantasia chez les ploucs

Wolgensinger, Jacques
L'épopée de la croisière jaune

Wou tcheng-En
Le roi des singes

Zimnik, Reiner
Les tambours

Folio Junior, c'est aussi cinq séries :
Poésie, Énigmes, Légendes, Science-Fiction et Bilingue.

Achevé d'imprimer
le 25 octobre 1990
sur les presses
de l'Imprimerie Hérissey
à Évreux (Eure)

N° d'imprimeur : 52775
Dépôt légal : octobre 1990
1er dépôt légal dans la même collection : décembre 1985
ISBN 2-07-033064-5
Imprimé en France

50820